LE CHATEAU

DE LA MALGRANGE.

LE CHATEAU

DE

LA MALGRANGE,

NOTICE HISTORIQUE ET DESCRIPTIVE,

PAR LOUIS LALLEMENT,

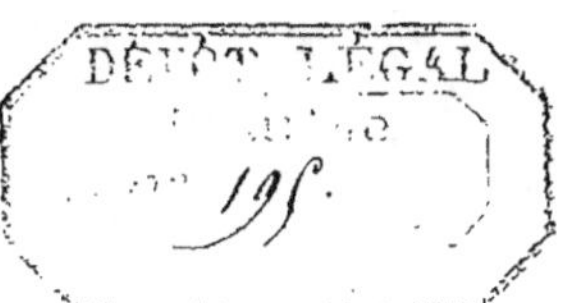

ANCIEN ÉLÈVE DU PENSIONNAT DE LA MALGRANGE.

NANCY,

IMPRIMERIE DE A. LEPAGE, GRANDE-RUE (VILLE-VIEILLE), 14.

—

1852.

LE

CHATEAU DE LA MALGRANGE,

NOTICE HISTORIQUE ET DESCRIPTIVE.

I.

Il n'est pas possible d'assigner une date précise à la fondation de la Malgrange. Il est vraisemblable que son origine
remonte au moins au XIVe siècle (1), car il en est question,

(1) Il existe deux titres du XIIIe siècle, portant vente d'un domaine
appelé *ALEGRANGES.*
— Par le premier, daté du jour de Pâques de l'an 1287, Geoffroi,
sire d'Apremont, chevalier, certifie que le Sire Henri de Landes, chevalier, son féal, a reconnu pardevant lui qu'il vend à Gilet de Florehanges, écuyer, tout ce qu'il avait à *Alegranges.*
— Par le second, daté du mardi après Pâques, 1er avril 1287, Madame, fille de Landes, femme du chevalier Ouri, déclare avoir vendu
à Gilet de Florehanges, écuyer, tout ce qu'ils ont à *Allegranges.*

sous le nom de *Valgrange,* dans un titre de transaction de la maison du Châtelet, à la date du 11 juillet 1401 (1). Ce titre montre que ce lieu s'appela originairement Valgrange.

Mais, comme nos historiens nous apprennent qu' « il y avait » depuis très-longtemps en cet endroit une maison de » campagne appelée le *Pavillon-sans-Soucy* » (« Sans-Souci, ce doux nom d'un favorable augure », comme a dit Andrieux), il est probable que le nom de Pavillon sans Soucy était celui du premier castel bâti en cet endroit, et que Valgrange était le nom des dépendances de cette maison de plaisance : Valgrange devint sans doute le nom général de ce domaine. — Le mot *grange,* on le sait, avait alors un sens beaucoup moins restreint que celui de « bâtiment où l'on serre les blés en gerbe », sens qu'on lui donne communément aujourd'hui : grange signifiait domaine, villa, maison de plaisance. Ducange, dans son *Glossarium ad scriptores mediœ*

(Dans ce second titre, le mot est écrit par deux *ll,* tandis que dans le premier titre il est écrit par une seule *l.*)

Nous avons cru devoir indiquer ici ces titres, à cause de la frappante similitude de nom avec le lieu qui nous occupe : en effet, la consonne qui précède le mot *Alegranges* ayant varié (ç'a été d'abord un **V,** *Valgrange* ; puis une **M,** *Malgrange*), il serait possible que le mot *Alegranges* ait été le nom primitif, et qu'ainsi les deux titres dont nous venons de parler fussent relatifs au domaine dont nous écrivons l'histoire. Toutefois, il est bien entendu que c'est là une simple conjecture.

. (1) Par cet acte (imprimé dans l'*Histoire généalogique de la Maison du Châtelet,* par Dom Calmet , aux *Preuves,* pages xxiv-xxvj) : « Monsieur Pierre du Châtelet, chevalier, fonde et crante, deubs, as-» signe — sans eschins, cautelles, débat, contredit, éloignement ou » malengin à Jehan et à sa femme, pour eux et leurs hoirs nez en loyal » mariage, sur tout ce que (ledit) Monsieur *Pierre Liebal,* chevallier, » père audit Monsieur Pierre, avoit, tenoit, possédoit par le temps » qu'il vivoit, en ville et leu de Houdemont, du **Valgrange,** de Froi-» court, de Remirecourt, de Villé devant Nancy et de Viterne, etc....»

et infimæ latinitatis, interprète ainsi ce mot : « GRANGIA : *Prædium, villa rustica.* Et il ajoute : *Grangiæ, ut ait Lindwodus, dicuntur à granis, quæ ibi reponuntur, et sunt horrea : sedetiam ubi sunt stabula pro equis, bostaria, sive præsepia pro bobus, et aliis animalibus, caulæ pro ovibus, poreitheea pro porcis, et sic de aliis, quæ pertinent ad œconomiam, ut sunt loca deputata pro servientibus ad agriculturam, et opera rustica.* »

Ce lieu portait le nom de *Malgrange* en 1477 (1), lors de la défaite du Duc de Bourgogne, dont ce site fut le théâtre. Le nom de Malgrange (écrit aussi *Malle-grange* en ce temps-là) se trouve plusieurs fois dans le récit du Chroniqueur qui a raconté la bataille de Nancy, et dans tous les historiens, tant anciens que modernes, qui ont tracé le tableau de ce mémorable événement, la plupart en s'inspirant de ce chroniqueur. — L'aile droite de l'armée bourguignonne, commandée par Jean de Lalain, grand-juge de Flandre, et par le capitaine de la Rivière, chef de la cavalerie, s'étendit depuis le Saulru en

----

(1) Il est donc absolument impossible que le nom de Malgrange ait été donné à ce lieu par les Lorrains dans le sens de Maudite grange ou Maison maudite, en haine de ce que Catherine de Bourbon y avait fait prêcher des ministres calvinistes, puisque ce nom existait bien plus d'un siècle avant l'arrivée de cette princesse en Lorraine. (Voir Dom Calmet, *Hist. de Lor.*, 2e éd., t. V, page 854 ; et la *Notice de la Lorraine,* art. Heillecourt. — Voir aussi le P. Wilhelm, *Histoire des Ducs de Lorraine,* page 112.)

- - Puisque nous en sommes sur le sens du mot Malgrange, nous mentionnerons, à titre de curiosité révolutionnaire, le sens donné à ce mot par un voyageur républicain dans la Meurthe en 1792 : « Stanislas » avait aux portes de Nancy une maison de plaisance appelée *Mal-* » *grange* (sic), OU mauvaise grange. Ce mot est assez bien trouvé » pour la maison d'un Roi. A coup sûr, tout ce que le peuple dépose » dans une grange semblable est bien vite dénaturé ou corrompu !!! »

(*Voyage dans les départements* : Meurthe, page 20.)

s'appuyant vers la Malgrange : c'est de ce côté que devait commencer l'attaque. — Waultrin de Wisse, un des meilleurs capitaines du duc René II, dit entr'autres choses aux capitaines suisses : « Ici par derrière le bois de Jarville, à gauche, » je vous conduirai *droict à la Malgrange,* toujours à cou- » vert, pour aller donner en flanc et par derrière sur la droite » et le corps de bataille des ennemis. » Ce conseil fut goûté et exécuté avec succès. On passa le ruisseau de Heillecourt (qui portait, car l'eau était glacée), et l'on arriva dans une plaine près de la Malgrange, où l'on s'arrêta. Là, Waultrin de Wisse, qui connaissait très-bien les lieux, avertit qu'on était fort près des Bourguignons : « Il n'y a plus, dit-il, que quelques buissons à passer : prenez courage, donnons vivement sur les Bourguignons. » Là aussi, dans ce moment solennel et décisif (il était environ dix heures et demie du matin), le duc René exhorta lui-même ses compagnons : Messieurs, dit-il, je vous prie de me servir bien et fidèlement à cette journée. Je veux être des premiers : j'ai grand courage et bonne espérance que nous déferons aujourd'hui ces Bourguignons. Là, enfin, un prêtre allemand, qui savait plusieurs langues, mit un surplis et une étole, prit en main la sainte hostie qu'il éleva aux yeux de toute l'assistance ; il remontra à toute l'armée l'injustice que le Duc de Bourgogne faisait au jeune duc René, les exhorta à combattre généreusement pour sa défense ; leur dit que, s'ils avaient une bonne foi, une véritable espérance en Dieu, leur rédempteur, dont il leur montrait le corps présent, et une bonne contrition, combattant pour une cause aussi juste, ils seraient tous sauvés. Quand le prêtre eut fini cette touchante exhortation, les soldats à genoux levèrent leurs mains jointes vers le ciel : tous firent avec la main une croix sur la terre neigeuse, la baisèrent dévotement, puis se relevèrent pleins de courage et de confiance.

Après cet acte de foi et de confiance de tant de braves guerriers, la bataille commença, dès que René eut distribué les étendards et assigné les postes aux chefs de l'armée. C'est entre la Malgrange, le Saulru et le lieu où s'élève aujourd'hui Bon-Secours, que le combat fut surtout vif et acharné. Deux capitaines français de l'armée de René, Manne et Doriole, avaient été accueillis vivement par le capitaine bourguignon La Rivière et ses cavaliers, lorsque parut tout-à-coup sur la hauteur de la Malgrange Guillaume Herther, capitaine au service de René, et toute la colonne ; ce qui rassura les soldats de Manne et Doriole. Aussitôt les Suisses sonnèrent la charge avec leurs cors, et le combat s'engagea avec acharnement sur tous les points. — Ainsi, le site de la Malgrange fut le théâtre de la victoire des Lorrains : tel est le premier souvenir glorieux qui se rattache à l'histoire de ce lieu.

II.

Près d'un siècle après la bataille de Nancy, en 1563, la Malgrange devint propriété de la Maison ducale de Lorraine. On comprend facilement que ce lieu agreste, agréablement situé sur un coteau peu élevé d'où l'on jouit de toutes parts d'une vue magnifique, ait plû par sa position. Environnée de belles plaines, de frais coteaux et de riants vallons,—la Malgrange offrait naturellement aux ducs de Lorraine un séjour commode pour jouir de la vie champêtre, — en même temps qu'elle touchait à leur capitale, à leur résidence souveraine (1).

(1) La Malgrange est à trois quarts de lieue sud de Nancy, ban de Jarville, entre Bon-Secours et le village de Heillecourt, dans la paroisse duquel était ce château.— Elle n'est qu'à un kilomètre de l'extrémité du faubourg Saint-Pierre, entre la route d'Epinal et celle de Strasbourg. — Bon-Secours ayant été érigé en paroisse en 1844, la

C'est le grand duc Charles III qui en fit l'acquisition pour la
Maison régnante. Le contrat de vente, daté du 15 juin 1563,
constate que : « Tres illustre et excellent prince et seigneur
» Mgr *Nicolas de Lorraine*, Comte de Vaudemont, de Chail-
» ligny, baron et seigneur de Mercœur, Nomeny, etc. (1), et
» tres illustre et excellente dame et princesse madame *Jehanne*
» *de Savoye*, Comtesse et dame desdits lieux, sa femme et
» espouse, déclarent vendre, — au prix de *cinquante mil*
» *frans* monnoye de Lorraine, — à Tres hault puissant ex-
» cellent prince et seigneur Monseigneur Charles, par la
» grâce de Dieu, Duc de Calabre, Lorraine, Bar, Gueldres,
» etc., leur souverain seigneur, et à tres haulte puissante et
» excellente Dame et princesse Madame Claude de France
» par la mesme grace, Duchesse et Dame desdits Duchez : le
» Pavillon et Maison noeufve de la Mallegrange les
» Nancy, ensemble les gaignaiges, vielles maisons, et bastie-
» ments, *granges*, estables, bœufveries, bergeries, meix et
» jardins, circuyt et pourprix, les deux boys appartenants et
» deppendants de la dite Mallegrange, assavoir le hault boys
» descendant au bas du costé de Jareville, et l'aultre boys en
» montant hault du côté de Vendeuvre, avec toutes les terres
» labourables, preys, hayes et buyssons et généralement tous

Malgrange dépend aujourd'hui de la paroisse de Notre-Dame de Bon-
Secours et de la commune de Jarville.

(1) Nicolas de Lorraine, fils du bon duc Antoine et de Renée de
Bourbon, et par conséquent frère du duc François 1er, avait d'abord
été évèque de Verdun et de Metz ; puis était devenu comte de Vau-
démont et de Chaliguy, marquis de Nomeny, etc., et tige de la bran-
che de Mercœur ; beau-père du roi de France Henri III. Il fut régent
de Lorraine, avec Christine de Danemarck, pendant la minorité de
Charles III : aussi Saint-Urbain l'a gravé dans son *Médaillier de Lorraine*, sur une médaille dont le revers porte l'effigie de Christine de
Danemarck.

» aultres héritaiges quelconques, appartenans et deppendans
» de ladite Mallegrange quelz ilz soient, et comment on les
» puisse dire, nommer et déclarer, etc..... » Ce titre (1),
comme on le voit, nous fait connaitre l'état de la Malgrange
et l'étendue de ses dépendances à cette époque.

Plusieurs mentions de divers comptes conservés aux Archives, attestent qu'après avoir acquis le domaine de la Malgrange, le duc Charles III s'occupa de son entretien et de son embellissement. Ainsi, les comptes du Cellerier de Nancy, pour 1564-65, renferment tout un chapitre relatif aux dépenses faites à la « *neufve et vicille Mallegrainge (sic)* », notamment pour des travaux faits à la fontaine, à la « haronnière », etc. Une note des comptes du Receveur du domaine pour 1569, révèle l'existence à la Malgrange d'une tour dite *Tour de l'Horloge.* Dans les comptes du Receveur du domaine pour 1580, on trouve une somme de 16 fr. payée à « Didier Woirion, horologier de Monseigneur, pour avoir racoustré et mis en ordre et fait sonner l'horologe de la Malgrange. » D'autres mentions nous apprennent que, dès l'époque de Charles III, il y avoit un haras à la Malgrange. Une mention des *comptes du Domaine de Nancy* pour 1596-97 porte : « 4 resaux de blé délivrés à Pierre Bordeau,
» ayde des toilles (de filets de chasse) de Son Altesse, pour
» les peines et despence qu'il a supportées à la conservation
» des nidz de hairons du bois de la Mallegrange, et faire abat-
» tre les nidz de corbeaux qui y estoient. »

En 1587, pendant les guerres civiles religieuses, durant la guerre dite des trois Henri, le duc Charles III vint se poster dans le bois près de la Malgrange pour observer le passage d'une armée de quarante mille Reîtres (cavaliers protestants

(1) Conservé aux Archives, *layette Nancy* 2, N° 62.

d'Allemagne) qui furent battus plus loin par le duc Henri de Guise.

Dans la division du duché de Lorraine en 1594, d'après le président Alix, la Malgrange est indiquée comme *Château et maison de plaisir*, appartenant au Domaine, dépendant des bailliage, prévôté et châtellenie de Nancy.

Le mariage du fils aîné de Charles III avec une princesse protestante, en 1599, vint donner une destination au château de la Malgrange, qui changea de face pour servir de résidence à l'épouse de l'héritier présomptif de la couronne ducale. Henri, qui prit le titre de duc de Bar à l'occasion de ce mariage, épousa, le 29 janvier 1599, Catherine de Bourbon, fille d'Antoine de Bourbon, roi de Navarre (mort en 1562) et de Jeanne d'Albret (morte en 1572), et sœur unique du roi de France Henri IV. Ce mariage, mal assorti par la différence d'âge, de caractère et surtout de religion(1), faillit brouiller la cour de Lorraine avec la cour de Rome, (le Saint-Siége était alors occupé par Clément VIII), — et déplut profondément aux Lorrains, dont l'orthodoxie, comme celle de leurs souverains, avait jusqu'alors été constante. Cette princesse, étant calviniste, inspira dans toute la Lorraine des inquiétudes extraordinaires. Comme elle ne pouvait, à cause des répugnances du peuple nancéien, qui était tout catholique, pratiquer le culte réformé dans la capitale du duché, ni recevoir à la cour de son beau-père les honneurs dûs à son rang, on fut obligé de la loger à la Malgrange, qui réunissait à tous les agréments d'un beau séjour l'avantage d'être située

(1) Henri avait 56 ans ; Catherine en avait 40, et avait failli, après le décès de Claude de France, arrivé en 1575, devenir la belle-mère de celui qu'elle épousait. Henri était un prince d'une rare piété et d'une parfaite orthodoxie ; Catherine était zélée huguenote.

aux portes mêmes de la résidence ducale. Pour qu'elle y fût convenablement logée, Charles III et son fils Henri y firent *bâtir*, suivant la plupart de nos historiens, ou seulement *beaucoup augmenter et embellir*, d'après quelques écrivains (1), un beau castel que Callot a représenté pour servir de fond au portrait en pied de Deruet et de son fils, qu'il a gravé à Nancy en 1652 (2). C'est la plus ancienne vue qui existe de la Malgrange (3).

L'hérésie de Catherine n'empêcha pas que cette princesse ne fût reçue à Nancy avec une magnificence extraordinaire, puis conduite aussitôt au Château-Sans-Soucy ou Malgrange. — On s'était flatté, en Lorraine, de convertir Catherine de Bourbon, et d'obtenir plus aisément dispense lorsque le mariage aurait eu lieu. Il n'en fut rien. Catherine, qui était zélée huguenote, résista à tous les moyens de conversion employés par son beau-père, son beau-frère (Charles, cardinal de Lorraine), et son époux. Vainement des conférences religieuses eurent lieu, dès le 15 novembre 1599 et en 1600, à la Malgrange, entre le P. Comclet, docteur jésuite de l'Université

(1) Dom Calmet dit, dans sa *Notice de Lorraine*, à l'art. Malgrange : « que Henri de Bar y fit *bâtir* un château pour Catherine de Bourbon, son épouse » ; tandis qu'à l'art. Heillecourt il dit : « La maison de plaisance de la Malgrange a été *beaucoup embellie et augmentée* par le grand duc Charles III, pour loger Catherine de Bourbon, épouse du prince Henri de Lorraine, son fils. »

(2) « Dans ce portrait, dit le P. Husson, Cordelier (*Eloge historique de Callot*, page 58), le peintre Claude de Ruet est représenté en pourpoint et brodequins, avec son fils à sa droite ; dans le lointain, les fortifications de Nancy, *la Malgrang* et ses enclos..... »

(3) Lionnois dit, dans son *Histoire de Nancy* (tome II, p. 594), qu'Israël Sylvestre a laissé, entr'autres Vues de Nancy et des environs: *Deux Vues de la Vieille-Malgrange*. C'est une erreur : ces gravures n'existent pas ; personne ne les a jamais vues, et les premiers collectionneurs lorrains ne les connaissent pas.

de Pont-à-Mousson, et le frère Esprit, capucin, d'une part; et deux ministres calvinistes (Couet et de la Touche), d'autre part. Le Duc, le Cardinal de Lorraine, la princesse Catherine et plusieurs seigneurs, prirent part à ces conférences ; on prétend même que le P. Fourier de Mattaincourt intervint à ce sujet. Tout fut inutile. L'historien Mézeray dit de ces conférences : « Pour se bien remettre avec son mari, Catherine » de Bourbon souffrit plusieurs fois des disputes de religion » entre des docteurs catholiques et ses ministres ; mais sans » aucun succès que celui que de pareilles Conférences ont ac- » coutumé de produire, savoir : d'obscurcir la vérité (1). Elle » avait même laissé espérer qu'elle se ferait instruire : néan- » moins, elle persista opiniâtrement dans sa croyance jusqu'à » sa mort. » Henri, désolé de cette inflexibilité d'une femme hérétique qu'il n'avait épousée qu'avec une répugnance extrême, entreprit le voyage de Rome incognito, en 1600, à l'occasion du Jubilé de la fin du siècle, pour aller demander absolution au Pape et dispense pour l'avenir ; mais il ne put être remis dans la communion des fidèles qu'en promettant de ne jamais retourner avec sa femme et de la répudier si elle ne se faisait catholique. Aussi Catherine demeura quelque temps seule au milieu de son mariage. Toutefois, elle persista constamment dans son hérésie. De la Malgrange, elle correspondait avec les chefs du parti protestant : elle écrivait au fameux Duplessis-Mornay, surnommé le pape des protestants, « qu'elle irait à la messe quand il la dirait. » Elle ne se borna pas à faire faire à la Malgrange les exercices du culte calviniste ; elle alla plus loin, elle y fit prêcher des ministres protestants. Ainsi c'est au château de la Malgrange que,

---

(1) Nous n'avons pas besoin de dire que nous sommes fort loin d'admettre comme règle générale l'opinion de Mézeray sur les résultats de la controverse.

pour la première fois, sous un prince de la maison de Lorraine, la Réforme put élever une chaire en Lorraine.

La Cour de Nancy était toujours dans le plus grand embarras au sujet de ce malheureux mariage, lorsque la Malgrange reçut, à cette occasion même, la visite du roi de France Henri IV. Ce prince, qui ne possédait paisiblement le trône que depuis son abjuration, vint de Metz au château de la Malgrange, au mois de mars 1603, pour voir la Duchesse, sa sœur. Son but était peut-être d'engager celle-ci à suivre son exemple, en rentrant dans le sein de l'Eglise. Le roi de France voulait aussi, dit-on, dissuader le Duc de Bar, son beau-frère, de rompre son mariage. Mais, le 13 février 1604, Catherine mourut au château de la Malgrange. Son corps embaumé fut conduit de la Malgrange à Vendôme, où les calvinistes, ses co-religionnaires, lui firent des funérailles magnifiques. Ainsi, le corps de la seule Duchesse huguenote alliée à la famille ducale, ne reposa point dans le caveau de la catholique maison de Lorraine.

Ce qu'il y a de curieux, c'est que la dispense si vivement sollicitée avait enfin été accordée, dit-on, par le pape Clément VIII, au mois de décembre 1603 ; mais le courrier qui en apportait la nouvelle, n'arriva en Lorraine qu'après la mort de Catherine de Bourbon ! Deux ans après cette mort, Henri épousa Marguerite de Gonzague, nièce de la femme d'Henri IV.

Une note des *Comptes du Trésorier général de Lorraine pour* 1604 (1), nous apprend que Charles III entretenait un haras à la Malgrange :

(1) Une mention des comptes du Trésorier général fait connaître qu'en 1609 des comédies furent jouées à la Malgrange par des comédiens français nommés La Fortune, Gillet, etc., pendant le séjour de Madame à ce château.

« Payé à Aubertin Masson, jumentier du haras des jumens
» de la Vieille Malgrange de Nancy, la somme de neuf vingtz
» onze frans (191 frans), savoir neuf vingtz trois frans pour
» les livrées dudit jumentier et de ses deux aydes. »

Une autre note des *Comptes du Cellerier de Nancy pour*
1619, nous fait connaître l'existence d'une ménagerie à la
Malgrange :

« Besognes faites en la Vieille Malgrange, pour l'accom-
» modement de la Mesnagerie que Madame y a dressée. Son
» Altesse ayant ordonné au comptable de faire acheter au
» sieur *Melchior de la Vallée*, aumônier des siens, chantre
» et chanoine de St-George, douze milliers de bricques
» pour par luy les employer à faire *ung petit bastiment à*
» *losger certains animaux rares de diverses espèces* qu'elle
» lui avait envoyés et envoyerait ci-après pour son plaisir,
» passe-temps et recreation ; ils lui auraient été fournis pour
» la somme de 101 fr. 69. »

Pendant les guerres malheureuses qui désolèrent notre pays
sous le règne orageux de Charles IV, c'est près de la Malgrange
qu'on tint prêts des moyens d'évasion à trois illustres fugitifs:
Nicolas-François, la princesse Claude de Lorraine, et l'hé-
roïne Henriette de Phalsbourg, sœur de Charles IV. C'est
dans le bois près de la Malgrange qu'on leur tint des
chevaux préparés. Beaulieu, un des gentilshommes du duc
Nicolas-François, y avait envoyé ces chevaux pour l'évasion
de son maître, dès la veille du fameux *Poisson d'Avril* (1er
avril 1634), qui ravit aux Français l'espoir de la maison ducale, que ces dominateurs de la Lorraine regardaient déjà
comme leur proie. Peu de jours après, Henriette de Phalsbourg, — qui s'était évadée de Nancy en se cachant,
comme on sait, sous les coussins d'une voiture, fut con-

duite auprès de la Malgrange, où elle prit des habits d'homme et monta à cheval.

Quelques années après, en 1641, le château de la Malgrange fut le théâtre d'une scène bien touchante, qui prouve éloquemment jusqu'où allait l'amour des Lorrains pour leur prince.

Après la paix du 29 mars 1641, — appelée depuis la *petite paix* à cause de son peu de durée, — le Duc Charles IV revint dans ses Etats où il fut reçu partout avec des transports de joie inexprimables. Partout, sur son passage, on accourait en foule pour voir le Duc : les paroisses allaient à sa rencontre avec la croix et l'eau bénite : un curé de village porta même au-devant du Prince le Saint-Sacrement, de quoi Charles, surpris, descendit de cheval et le reconduisit à pied jusqu'à l'église d'où il avait été tiré. M. le maréchal Du Hallier, gouverneur de la Lorraine et de Nancy pour le roi Louis XIII, et sa femme, Mme Du Hallier, ayant invité Charles IV à venir faire un pèlerinage à Notre-Dame de Bon-Secours proche de Nancy, — comme ils ne pouvaient le laisser rentrer dans sa capitale en vertu des traités, — le logèrent et le défrayèrent avec toute sa suite « dans une maison de plai-» sance appartenante au Duc, qui n'en est pas éloignée et » qui est nommée la Malgrange, » dit Beauvau. Charles IV arriva à cheval à la Malgrange, le 50 avril 1641, et il y séjourna avec sa cour jusqu'au 2 mai (1).

Au dire d'un contemporain, toutes les marques d'affection

(1) L'ordonnance du Duc Charles IV, en date du 2 mai 1641, portant établissement d'un Conseil Souverain à Nancy, — est datée de la Malgrange. (Elle porte : « Donnée à la *Malegrange* le deuxième jour de mai 1641. »)

et de tendresse que chacun s'efforçait de rendre au duc pour
tâcher de le retenir dans le pays , ne lui donnaient pas
tant de satisfaction que le traité qu'il avait fait avec le roi
de France lui paraissait dommageable. Tout le peuple de
Nancy et des environs accourut en si grande foule pour voir
son Duc bien-aimé, que « ce prince faillit à y estre étouffé »,
dit Beauvau. Chacun exprimait à sa manière l'aise de le revoir.
— Mais laissons parler un contemporain témoin oculaire de
ces scènes touchantes, sur l'arrivée et le séjour de Charles IV
à la Malgrange :

« Ce fut le dernier jour d'avril 1641, porte le Mémoire de
» Conrard de Malzéville, que Son Altesse est venue à Notre-
» Dame de Bon-Secours, et qu'il a fait son entrée à la Mal-
» grange environ les cinq heures du soir. Il n'avoit qu'environ
» 60 hommes avec lui, et venoit d'auprès du Roi pour traiter
» la paix qui a été faite : car il rentre dans son pays et tout
» son Domaine, et toute sa jurisdiction, excepté Nancy et
» quelques autres villes que le Roi se réserve jusqu'à sa vo-
» lonté ; dont à son arrivée étoit chose merveilleuse le nombre
» de peuple qui l'attendoit par le chemin qu'il devoit venir ;
» et pour moy et 4 ou 5 de Marzéville lui avons été des pre-
» miers au devant jusques à dessous Fléville , où l'ayant
» abordé, l'avons salué le mieux que possible nous a été, et
» criant : *Vive son Altesse !* Le bon Prince nous a tendu les
» bras, et même touché dans nos mains. Depuis là jusqu'à la
» Malgrange, le nombre des gens étoit si gros, qu'il étoit
» quelquefois impossible que le Duc puisse avancer, nonobs-
» tant qu'il étoit monté sur un grand cheval d'Espagne sous
» poil gris, tant le nombre était infini, et tendoit le bras à un
» chacun, et touchoit dans la main de tous ceux qu'il pouvoit
» à gauche et à droite. On lui déchira toutes ses manchettes
» et ses gants ; et il y eut une femme qui en emporta une;

» laquelle disoit qu'elle ne la bailleroit pas pour mille écus (1);
» même avoit-il une écorchesse sur la main qui saignoit, tant
» on le désiroit. C'étoit chose horrible de voir tant de monde
» et ouïr les cris qu'ils faisoient : *Vive son Altesse !* Le len-
» demain, premier jour de mai, le Duc alla ouïr la messe à
» Notre-Dame de Bon-Secours. Ce fut encore pis. Car la foule
» étoit si grosse que pour voir quelquefois 25 ou 30 personnes
» tomboient sous le cheval , sans être personne blessé ,
» sinon la pauvre Isabelle Pierrard, de Marzéville, laquelle
» eut un bras rompu. C'était chose merveilleuse de voir l'af-
» fection que le Duc avoit à son peuple, et le peuple envers
» lui. Le bon Prince sourioit sans cesse et consoloit bien le
» pauvre peuple. Le lendemain, second jour de mai, il s'en
» est retourné à Epinal, du côté de son armée, où il tient sa
» Cour jusques à autres nouvelles. »

Quel tableau! et comme il prouve éloquemment que, parmi
les traits distinctifs du caractère lorrain, il faut placer au premier rang ceux-ci : Fidélité et amour au souverain !

Malheureusement la joie des bons Lorrains fut de courte
durée. La guerre recommença plus terrible et plus acharnée
que jamais. Les maux intérieurs de notre patrie sous Charles
IV et les guerres extérieures du grand duc Charles V dé-
tournèrent nécessairement l'attention de ces princes des châteaux de leur pays. On était occupé alors de tout autre chose
que des monuments.... (2).

(1) Un auteur dit qu'en cette circonstance on se précipitait sur
Charles IV, on lui déchirait ses habits, *et même quelque peu de ses
cheveux et de sa barbe,* pour les garder comme de patriotiques reli-
ques.

(2) Quelques mentions de comptes conservés aux Archives attestent

Aussi l'histoire se tait sur le château dont nous redisons les annales, jusqu'au règne du fils de Charles V. Grâce à Dieu, bientôt allait commencer, pour la Lorraine et pour la Malgrange, avec l'admirable Léopold, l'ère de la réparation !

III.

En 1700, le château de la Malgrange, jusques-là château *Ducal* depuis 1563, devint château *Royal*, puisque c'est au mois d'octobre 1700 que l'empereur Léopold Ier accorda, par un diplôme, le titre d'*Altesse Royale* à notre duc Léopold.

Dès les premières années du beau règne de Léopold, la Malgrange fut le théâtre de fêtes brillantes : c'est ce que nous révèle le titre d'une pièce jouée sur le théâtre de la Cour, en 1702 : le carnaval de 1702 fut extrêmement brillant ; le théâtre de la Cour se trouvait alors organisé : parmi les pièces représentées sur ce théâtre, on remarqua : « *Les Fêtes de la Malgrange.* »

Un an après, en 1703 et en 1704, — à l'occasion des démêlés qui surgirent entre le Duc de Lorraine et la Cour souveraine de Nancy, d'une part, l'Evêque de Toul et la Cour de Rome, d'autre part, au sujet du *Code Léopold* promulgué en 1701, — la Malgrange fut le théâtre de graves discussions. Léopold, voulant vérifier et juger par lui-même en connaissance de cause les reproches qu'on faisait à son Code, — dont l'Evêque de Toul Mgr Henry Thiard de Bissy

cependant que, même à cette désastreuse époque, on ne négligea pas entièrement la Malgrange. Une note de 1666 est relative aux *glacières* des jardins de la Malgrange. Une autre note de 1669 semble indiquer l'existence d'une *faisanderie* à la Malgrange.

avait dénoncé au pape Clément **XI** plusieurs articles comme attentatoires à la juridiction ecclésiastique, — établit à la Malgrange des conférences entre lui, son Conseil et les délégués de l'Evêque de Toul, en même temps qu'il envoyait à Rome une ambassade pour faire revenir le Saint-Père sur son bref du 22 septembre 1703. Le château Royal de la Malgrange, près Nancy, fut le lieu désigné pour tenir les Conférences de la Conciliation, dans lesquelles le procureur-général Bourcier fut le principal représentant du Duc de Lorraine (voir son Eloge, par M. Aug. Digot); et Claude de Laigle, vicaire-général de Toul, fut le représentant de son Evêque. Un grand talent fut déployé, dit-on, dans ces discussions, notamment par le vicaire-général de l'Evêché de Toul (1). L'histoire des difficultés dont le code de 1701 fut l'objet a été parfaitement racontée par M. Auguste Digot dans son *Eloge historique, de Jean-Léonard baron de Bourcier,* publié en 1842 (voir pages 20-25, et note 18.) On dit que Léopold usa de tout son crédit à la Cour de France pour obtenir le changement de Mgr de Bissy, qui fut en effet nommé par Louis XIV à l'Evêché de Meaux, vacant par le décès de Bossuet, mort

(1) Il existe un manuscrit où les conférences de la Malgrange sont écrites en tableaux, sur quatre colonnes, dont la première contient les demandes de l'Evêque, la seconde les réponses des commissaires de S. A. R., la troisième les décisions de S. A. R., et la quatrième les répliques de l'Evêque de Toul. — Il y a trois séries de difficultés : la première en contient 9, la seconde 15, et la troisième 68. »

Ce manuscrit est sans doute ce qui existe de plus complet sur les Conférences de la Malgrange de 1704.

Il ne nous appartient pas de porter un jugement sur ces Conférences. Nous nous bornons à renvoyer à l'Eloge historique de Bourcier, par l'honorable M. Digot ; et à dire que, pour notre compte, nous regrettons en général les usurpations et tentatives d'usurpation que peut commettre le pouvoir temporel sur le pouvoir spirituel.

en avril 1704. Mais Mgr de Bissy, avant de partir pour son nouveau siége, souhaita de terminer les Conférences qui se tenaient à la Malgrange : on s'y assembla plusieurs jours de suite, et on y régla un grand nombre d'articles ; toutefois, le tout ne put être achevé avant le départ de Mgr de Bissy pour Meaux. Son successeur fut Mgr Blouët de Camilly, nommé Evêque de Toul le 11 mai 1704 et entré à Toul le 13 décembre. Enfin Léopold finit par où il aurait dû commencer : il fit retrancher du Code tous les articles qui avaient été condamnés, et ce Code fut réimprimé sous la nouvelle date de novembre 1707.

Peu d'années après, la Malgrange fut entièrement transformée. Ce site agreste plaisait beaucoup à Léopold : aussi les habitants de Nancy, toujours désireux de complaire à leur Prince et prévoyant les avantages que leur procurerait le voisinage de la résidence princière, si la Malgrange était préférée à Lunéville, achetèrent 99 jours, 8 hommées de terre qu'ils donnèrent au Duc pour agrandir son Domaine de la Malgrange (1).

Léopold , — voulant s'y créer une résidence qui aurait été beaucoup plus avantageuse que Lunéville pour le Souverain et la Cour, à cause de sa proximité de la capitale, — fit commencer dès 1711, à la Malgrange, *très-près* de l'ancien château (2), un nouveau château d'ordre composite, beau-

---

(1) Léopold fit lui-même plusieurs acquisitions pour agrandir le domaine de la Malgrange (voir aux *Archives*, Trésor des Chartes, layette Nancy 6, n°s 28, 29, 30, 31, 32, 33, 34).

(2) Le cahier des charges des travaux de la Malgrange, dressé en juin 1712 (pièce n° 334 des *Comptes du Trésorier général de Lorraine*), porte : « Devis des ouvrages (de maçonnerie) pour la construction *totale* d'un nouveau Bastiment ordonné de la part de S. A. estre faict JOIGNANT *l'ancien Château* de La Malgrange pres la Ville de Nancy. »

LA MALGRANGE DE LÉOPOLD.
VUE PRISE DU CÔTÉ DE LA COUR

coup plus magnifique, sur les dessins et sous la direction de
Germain Boffrand, son premier architecte, qui a décrit lui-
même avec détail ce Palais, en latin et en français (en 1745).
Voici un extrait de ce que dit Boffrand de ce PALAIS DE LA
MALGRANGE (*Palatium Malgrangense*) :

« Ce palais est situé à 1/4 de lieüe de Nancy, en sortant
» par le faubourg d'Allemagne. Les ducs de Lorraine y avaient
» une petite Maison et une Ménagerie (*villam angustam et
» vivarium, seu locum pecorosum*). Le Duc Léopold, dont
» j'avais l'honneur d'être le premier Architecte, trouvant la
» situation fort belle, prit le dessein d'y faire une maison as-
» sez grande pour s'y loger avec partie de sa Cour. Le prin-
» cipal corps-de-logis du Palais de la Malgrange est placé sur
» un coteau, dont la pente est fort douce, pour y faire de
» grands jardins, au bout desquels la rivière de Meurte forme
» un canal naturel d'une demu-lieue de longueur, dans une
» plaine terminée par des côteaux fort ornés. Un bois de
» haute-futaye se trouve placé sur la droicte de la Maison et
» sur la gauche on découvre la ville de Nancy, et la vallée de
» Boussière, dont la vue est fort agréable et étendüe...........
» .... Le principal corps de logis a 54 toises de face, sur
» 28 toises de profondeur. L'entrée est sous un péristile de
» six colonnes d'ordre composite de 35 pieds de hauteur.....
» La première pièce est la Salle des Gardes, de 12 toises 4
» pieds de long sur 38 pieds de large, et de 42 pieds de hau-
» teur sous plancher, laquelle hauteur comprend celle du rez-
» de chaussée et du premier étage : elle conduit à un Salon
» ovale de même hauteur, de 10 toises de long sur 7 toises
» de large, d'où l'on arrive à deux grands appartements sur le
» jardin. La Salle des Gardes communique aussi à deux
» grands appartements sur la cour. Entre ces appartements,
» il y a d'un côté un grand Escalier qui conduit au premier

» étage distribué en plusieurs appartements dégagés dont les
» antichambres ont des tribunes sur la Salle des Gardes et sur
» le Salon. De l'autre côté opposé au grand Escalier, il y a un
» vestibule et une Chapelle Palatiale (*Palatii Gaullum*), et
» de chaque côté une cour pour éclairer le grand Escalier, la
» Chapelle, et les..... appartements. La cour qui est en suite
» de la Chapelle est terminée par un corps-de-logis qui fait le
» côté du bâtiment, et dans lequel est une Salle à manger fort
» vaste et qui comprend la hauteur de deux étages. La cour
» qui est en suite du grand Escalier est terminée par un corps
» de logis dans lequel il y a des cabinets et autres pièces qui
» lient de ce côté les deux grands appartements, et font le côté
» de ce principal corps-de-logis. — D'autres escaliers com-
» muniquent au second étage, à plusieurs appartements déga-
» gés par six corridors, qui s'étendent dans toute la longueur
» et la largeur de ce corps-de-logis. »

Boffrand nous apprend que son vaste plan du Palais de la
Malgrange, — auquel il voulait ajouter encore 2 grands corps-
de-logis à côté de l'entrée, d'autres dépendances, une grande
avant-cour à laquelle on serait arrivé par plusieurs routes,
etc., — ne fut jamais entièrement exécuté ; nous allons tout-
à-l'heure voir pourquoi.

Quoi qu'il en soit, les sept planches de Boffrand, représentant en détail l'ensemble et les diverses parties de ce Palais,
sont tout ce qui nous reste de la Malgrange de Léopold ; elle
ne vit plus que là..... (1).

Les travaux de ce beau Palais de la Malgrange marchè-
rent avec activité pendant quatre années, de 1711 à 1715.

(1) Un autre projet, également conçu par Boffrand pour le Palais de
la Malgrange et décrit en détail par lui-même (en 4 planches in-folio),
ne reçut jamais d'exécution : l'autre lui fut préféré.

Les Comptes du Trésorier général de Lorraine pour ces années (conservés aux Archives), renferment une foule de cahiers des charges, de notes et de mémoires payés aux entrepreneurs du Palais de la Malgrange, Nicolas Renault (ou Regnault), Jean Jadot, Gentillâtre, etc.; et à de nombreux artistes et ouvriers, sculpteurs, marbriers, peintres, etc., qui y travaillèrent, entr'autres les sculpteurs Dumont et Barthélemy Mesny ; et François Appiani, sculpteur en marbre, qui y fit beaucoup d'ouvrages en plâtre façon de marbre. Le sieur des Ours (ou Descours ?) — directeur des parcs, jardins et jets d'eau de S. A. R., — surveilla les travaux et vérifia les chiffres des mémoires, ainsi que M. André, Intendant et Directeur-général des Bâtiments du Duc. Dès 1712, Léopold fit arrêter toutes les pierres des carrières de Lorraine pour la construction de la Malgrange. — En 1714, on fit voiturer du Crosne à la Malgrange, toutes les pierres de taille provenant des carrières de Pont-à-Mousson, de Nancy et Vandières, pour les constructions de la Nouvelle-Malgrange. La même année, plusieurs beaux bassins en Croix de Lorraine furent créés dans le Parc, « pour le divertissement des Princes. » En 1715, 12,102 livres, 12 s. 6 den. furent consacrés à envoyer dans le pays de Trèves acheter des clous et écailles pour les nouveaux bâtiments de la Malgrange.

Malheureusement, en 1715, une réflexion déplacée de l'Electeur de Bavière Maximilien II Emmanuel, arrêta les travaux de la nouvelle Malgrange. Ce prince, dans l'entrevue qu'il eut avec Léopold le 27· mars 1715, vit le Palais de la nouvelle Malgrange auquel on travaillait depuis 1711, et le désapprouva, non qu'il ne le trouvât beau quant au dessin et à la construction, et digne du génie et de la réputation de Boffrand ; « mais, dit-il au Duc, parce que ce château étoit » trop près de Nancy pour en faire une maison de campagne,

» et trop loin pour en faire sa demeure ordinaire. » Le Duc Léopold, se rendant inconsidérément à cette observation ridicule et injuste qui méconnaissait précisément le grand avantage de la situation de la Malgrange, en fit aussitôt discontinuer les travaux. Déjà les jardins passaient pour être très-beaux : ils avaient été créés par Yves Descours qui, pour récompense de ses talents, fut anobli le 50 novembre 1715.

La ville de Nancy, voyant que Léopold avait abandonné ses constructions de la Malgrange, revint sur le cadeau qu'elle avait fait au Duc de 99 jours 8 hommées de terre en cet endroit : elle présenta une requête à la Régente pour être autorisée à reprendre ces terrains ; mais, malgré cette autorisation, elle ne put s'en remettre en possession.

Lors du départ de la Maison de Lorraine, en 1737, on transporta à Bruxelles la superbe orangerie de la Malgrange, qui y est restée et sert encore aujourd'hui à l'ornement du Parc de Bruxelles.

IV.

La Malgrange fut entièrement renouvelée par Stanislas. Ce Prince vint pour la première fois à la Malgrange le 7 août 1737 ; il y reçut, le lendemain 8, les députés des Cours Souveraines et des deux Chapitres de la Capitale. Le 9 août, il alla faire son entrée solennelle à Nancy.

Stanislas, bien loin de partager le ridicule avis de l'Electeur de Bavière, résolut de se bâtir à la Malgrange un Château Royal assez vaste pour qu'il pût y résider d'ordinaire avec sa Cour, lors de ses fréquents voyages en sa Capitale, et y passer la belle saison. Dès l'année suivante, il commença l'exécution de ce projet.

LA MALGRANGE DE STANISLAS,
VUE GÉNÉRALE PRISE DEPUIS LA GRANDE AVENUE.

Au mois de juin 1738, on commença la démolition du bâtiment construit à la Malgrange par Boffrand, mais qui n'avait été ni habité ni entièrement achevé. Les matériaux servirent en grande partie à la construction de l'église de Bon-Secours, près de la Malgrange. Stanislas, de retour le 13 août 1738 de Versailles à la Malgrange, où l'attendait son épouse Catherine Opalinska, posa solennellement, le lendemain 14 août, veille de l'Assomption, en présence de Mgr Bégon, évèque de Toul, et de Mgr l'évèque de Chartres, la première pierre de la nouvelle église de Bon-Secours, qui fut achevée, bénite et consacrée *trois ans après*, le 7 septembre 1741. » Le premier » article du Marchez conclu entre Stanislas et les entrepre- » neurs de la démolition de la Malgrange, dit Nicolas (1), » portoit que l'on batiroit une nouvelle Eglise à Notre-Dame » de Bon-Secours, et que les entrepreneurs rendroient 40,000 » frans au Roy. » Cependant il en coûta 96,176 livres 14 sols 9 deniers à Stanislas, qui, en même temps, répara et enrichit le couvent des Minimes voisin.

Le Roi de Pologne n'avait fait raser l'édifice inachevé de Boffrand que pour se faire élever à la Malgrange un séjour commode et agréable lorsqu'il viendrait à Nancy. Bientôt il se mit à l'œuvre : à différentes reprises il fit construire, — à quelque distance de l'emplacement du château de Boffrand, dit Durival, — la Malgrange moderne, dont Héré et François ont dessiné les vues et les plans (2). Emmanuel Héré

(1) *Dissertation historique sur la ville de Nancy*, par le président de Rennel, composée en 1619 et augmentée depuis par M. Nicolas fils, jusqu'en 1752.

(2) Le château de la Malgrange a été représenté par Héré et François, en 6 grandes planches, in-folio maximo.

Outre ces 6 grandes planches que Héré consacre spécialement à La

était directeur-général des bâtiments de Stanislas. Le *Plan général du Château de la Malgrange*, par Héré, et la grande carte de la Malgrange conservée aux Archives (1), nous font connaître exactement la situation des bâtiments et la magnifique disposition du Parc Royal. Le corps de logis principal du château, d'ordre dorique, s'élevait majestueusement à l'extrémité de la grande avenue, alors bordée de chaque côté de deux rangs d'arbres, et par laquelle on arrive à la Malgrange depuis la

Malgrange, il donne, dans ses *Vues de la galerie de Tableaux du château d'Einville,* 3 vues *générales* du château de la Malgrange, savoir :

Au n° 2 de la galerie : Vue de la Malgrange du côté de la principale entrée.

Au n° 3 : Vue de la Malgrange du côté des Souliottes.

Au n° 13 : Vue de la Malgrange du côté des Stations.

Il existe encore de petites vues de la Malgrange de Stanislas, dans une série de vues des châteaux de Stanislas, qu'on attribue à Saint-Urbain, le fils.

M. Gillet, juge d'instruction à Nancy, possède un grand tableau à l'huile représentant la Malgrange de Stanislas.

(1) « *Carte topographique des terres et autres héritages dépendants du Château Roïal de La Malgrange,* et des terres, preys, bois et autres heritages y attenans, faitte et dressée de l'ordre de tres haut et tres puissant prince monseigneur *le duc Ossolinski,* grand-maître de la maison de Sa Majesté le Roy de Pologne duc de Lorraine et de Bar, par Drouin, rearpenteur general des bois et forets de Sa Majesté, geometre demeurant à Luneville, pendant les mois de may, juin et juillet 1741. »

A cette époque, tous les terrains dépendants de la Malgrange, non compris les jardins et maisons, contenaient ensemble 235 *arpents* 3|4. *Le Bois dit de la Bricotte* (et aussi de la Bricquatte) [qui est le bois actuel plus étendu vers Heillecourt], contenait 79 arpens, non compris les tranchées et avenues de 53 arpens. Il y avait une garenne. — Près de la Basse-Malgrange, vers Jarville, se trouvait le *Bois des Chénes,* contenant 14 arpens, 6 omées : il a été entièrement défriché.

M. Gillet, juge d'instruction à Nancy, possède un petit plan de la Malgrange de Stanislas.

grande route qui va de Nancy à Lunéville : ces deux capitales de Stanislas. La façade de ce corps de logis principal (qui avait 15 fenêtres de face du côté de la grande avenue), était composée de trois avant-corps, saillant de 12 pieds tant au rez-de-chaussée qu'au premier étage : l'avant-corps du milieu, dont les fenêtres étaient ceintrées, servait d'entrée : il renfermait, outre le grand vestibule et la Salle de marbre, la chambre à coucher du Roi, située au premier étage sur le devant, et dont les fenêtres donnaient tout en face de la grande avenue ; les deux autres avant-corps, dont celui à droite en venant de Nancy renfermait la Chapelle royale, desservie par les Minimes de Bon-Secours (1), — étaient aux deux extrémités. Entre les avant-corps et au-devant des arrière-corps étaient deux galeries couvertes, supportées par une colonnade formant au-dessus une terrasse, avec une balustrade d'appui. Ce corps-de-logis était terminé à sa partie supérieure par une autre balustrade régnant sur tout l'entablement du premier étage, et dont les acrotères portaient des vases et des trophées. L'avant-corps central était terminé par une sorte de fronton ornementé très-gracieux, où étaient sculptées les Armes pleines du Roi de Pologne, surmontées de la Couronne Royale, qui était le point culminant de tout l'édifice (2). Toute la

---

(1) « Par contrat du 28 juillet 1740, les RR. PP. Minimes de la maison de Bon-Secours doivent aller dire la messe dans la chapelle de la Malgrange, toutes les Fêtes et Dimanches. de l'année, et même les jours ouvriers, lorsque Sa Majesté le désirera. » (Fondations du Roi de Pologne, p. 17-20.)

La chapelle du château de la Malgrange fut aussi desservie par les Capucins du couvent établi dans le parc de la Malgrange. (Ce renseignement se trouve dans les Almanach-Annuaires de Lorraine et Barrois, v° *Maison du Roi*).

(2) Pour ne rien avancer qui ne soit exact et certain, nous devons dire que ce fronton, qui se voit dans Héré, ne se voit pas dans d'autres

façade de ce corps de logis et des pavillons était revêtue de
carreaux de fayence de Hollande, bleue et blanche, de différents dessins : ce qui la faisait vulgairement appeler le *Château
de fayence*, et ce qui la rendait très-propre aux illuminations
(1). — Sur la même ligne des deux pavillons des extrémités,
étaient deux autres galeries couvertes, avec une terrasse d'appui, supportée par une semblable et double colonnade, l'une
faisant face du côté de l'entrée, et l'autre du côté des parterres
derrière le Château : l'une de ces colonnades (celle à gauche
en venant de Nancy), conduisait à la magnifique salle à manger qui formait à elle seule, avec la salle de billard, un bâtiment séparé, et dont Héré a représenté la splendide décoration ; l'autre colonnade conduisait au second corps-de-
logis ou Commun, seule aile encore debout aujourd'hui, où se
trouvaient notamment, outre les logements des gens de service
et les appartements des étrangers, la salle des Gardes-du-
Corps (aujourd'hui convertie en chapelle) ; le logement du
Confesseur du Roi (le célèbre jésuite de Menoux, ✝ 1766) [qui
est aujourd'hui l'appartement de Mgr l'Evêque de Nancy] ; le
logement de M. le Primat (le comte Zaluski, Grand-Aumônier),
le logement de M. le Grand-Maréchal (le baron de Meszek),
le logement du Grand-Ecuyer (le chevalier de Custine), etc.

vues de la Malgrange, notamment dans le tableau de M. Gillet et dans la
petite vue attribuée à Saint-Urbain, le fils. — On sait que plusieurs des
dessins de Héré ne sont que des projets. Nous n'affirmons donc pas
la parfaite exactitude de ses vues ni de ses plans.

(1) Aujourd'hui encore, une chambre, située dans l'aile orientale, et
appelée improprement la *Chambre de porcelaine*, a ses murs couverts
de carreaux de faïence provenant de la grande façade du château, démolie par Stainville. C'est M. Gillet qui a eu la bonne pensée d'employer ainsi ce qui restait de ces carreaux, lorsqu'il était propriétaire
de la Malgrange.

etc. — L'ensemble de la grande façade regardant l'avenue avait 116 toises de longueur.

Le jardin de plaisance, — auquel on descend de la grande terrasse par un double escalier orné de la *Cascade du Dauphin* qui existe encore, — était décoré de plusieurs jets d'eau, de cabinets chinois, de parterres à l'anglaise et de quinconces formant des galeries à l'italienne, de berceaux et cabinets de treillage, de bassins de rocaille, etc.

L'orangerie occupait la place de la serre actuelle. Il y avait auprès du château, dans la direction de Jarville, près le Chemin-le-Roi, un petit bois de chênes antiques très-élevés, dont plusieurs avaient plus de cinq pieds de diamètre : on l'appelait *le Bois des Chênes.*

Nous renonçons à décrire les mille et une merveilles du Parc Royal, situé de l'autre côté du château, entre le Commun et la route d'Épinal. Ce parc, admirablement dessiné, était rempli de parterres de broderies, de tapis verts, d'avenues d'arbres et de charmilles, de bosquets, de pièces d'eau, de jets d'eau, etc. On avait pratiqué dans le bois des bosquets, en perçant des allées pour différents points de vue (sans doute Heillecourt, Montauban, Vandœuvre, Brichambeau, Nabécor, Brabois, Nancy, la rive droite de la Meurthe, etc.). C'est à l'extrémité de ce parc que le roi de Pologne fit planter sur la route d'Epinal, à la clôture de la Mission faite à Nancy en 1759, un grande Croix de Mission placée sous un baldaquin couvert d'écailles (1). Une allée vaste pratiquée dans le bois, garnie de part et d'autres de charmilles, ornée de douze chapelles peintes par Joseph Provençal et représentant les divers traits de la Passion de Notre-Seigneur Jésus-Christ

(1) Il existe une Vue de la Croix de Mission de la Malgrange. **Weis.** Argent. In-16.

pour les stations, conduisait à la Croix de Mission. Diverses fondations, en date du 28 juillet 1740, 1742, etc. (rapportées dans le *Recueil des Fondations du Roi de Pologne*, aux pages 4-5, 7, 80), firent de ces beaux lieux un pèlerinage célèbre et fréquenté. Stanislas y fonda notamment une procession annuelle et perpétuelle pour le 14 septembre, jour de l'Exaltation Sainte-Croix : dans cette procession, faite par les missionnaires jésuites du Noviciat de Nancy depuis l'église de Bon-Secours jusqu'aux chapelles du Calvaire de la Malgrange, un des missionnaires devait faire à chacune de ces chapelles une exhortation ou prière sur le mystère qui y était représenté. Cette procession se fit pour la première fois le 14 septembre 1740 (1). Stanislas affecta, pour en payer le fonds

(1) A cette cérémonie inaugurale, le P. Jean-Baptiste Collin, jésuite, prononça un discours qui a été imprimé à Nancy par Balthazard, en 1761, in-12, sous ce titre : « *Discours sur la Croix érigée au Calvaire de la Malgrange, par le Roy de Pologne Stanislas I, duc de Lorraine et de Bar, prononcé en présence de Leurs Majestés, le 14 septembre 1740, par le P. Jean-Baptiste Collin, de la Compagnie de Jésus.* »

La veuve Baltazard a aussi imprimé, à Nancy, en 1740, un petit volume in-12 intitulé : « *Exercices de piété pour honorer la croix, avec les oraisons pour les douze stations du Calvaire.* » On lit dans l'*Avant-Propos* de ce livre : «..... C'est pour engager les fidèles
» à s'occuper souvent de ces véritez si utiles et si consolantes, qu'un
» grand Roy qui semble avoir été suscité de Dieu parmi nous pour
» honorer la Religion avec une pureté de foy et une sublime simplicité
» de mœurs digne des premiers temps et des plus beaux jours de l'E-
» glise, marchant sur les traces des Constantin, des Heraclius, des St-
» Louis, des St-Casimir, vient de faire élever sous nos yeux, avec au-
» tant de magnificence que de piété, une Croix et douze Chapelles en
» forme de Calvaire, où sont représentées les principales circonstances
» de la Passion de Jésus-Christ ; et ce religieux prince a fondé à per-
» pétuité une procession solennelle qui se fera tous les ans le jour de
» la fête de l'Exaltation de la Sainte-Croix, comme pour éterniser le
» triomphe de cet auguste Etendart de notre salut, et pour célébrer

après son décès, les revenus de sa terre de Huviller. — En 1742, Stanislas fit bâtir près de ce calvaire, une chapelle dédiée à St-Félix de Cantalice, avec un très-beau couvent de capucins, où il entretenait trois religieux capucins tirés de la maison de Nancy. Aussi les capucins s'engagèrent-ils à dire pour le Roi et la Reine, tous les vendredis de l'année, une messe à l'issue de laquelle le célébrant irait réciter les litanies de la Passion au pied de la Croix de Mission; et à faire assister en corps à la procession annuelle les communautés de Nancy et de Lunéville.

Nous ne connaissons pas les noms de tous les artistes qui embellirent le nouveau palais. Mais tous les arts, l'architecture, la sculpture, la peinture, la mécanique même, concoururent à la décoration extérieure et intérieure de la Malgrange de Stanislas. Les Héré, les Mique, etc., dessinèrent les plans du château et dirigèrent ses vastes constructions. Le capucin Antoine Poirel, de Gerbéviller, bâtit lui-même le couvent des capucins. Des statues, faites par le sculpteur nancéïen Nicolas Renard, furent apportées du château de Haroué à la Malgrange. On admira aussi à la Malgrange les beaux ouvrages en stuc des frères Mansiaux dits Chevalier, inventeurs de cette belle composition, qui a le poli, le froid et la dureté du marbre. Un élève et émule de Jacquart, le Lorrain André Joly, de Saint-Nicolas, peignit pres-

« chaque année avec un renouvellement de ferveur le grand Mystère
« de notre Redemption.— Mgr l'Evêque (de Toul), voulant soutenir et
« augmenter une dévotion si louable, accorde 40 jours d'indulgence à
« tous ceux qui assisteront dévotement et dans les dispositions conve-
« nables à cette sainte cérémonie, et réciteront à l'honneur des cinq
« plaies de Notre Seigneur Jésus-Christ, cinq fois l'Oraison Domini-
« cale et cinq fois la Salutation Angélique, selon les intentions du Roy
« fondateur. »

Voir encore aux pages 33 et suivantes ds cet ouvrage.

que tous les bâtiments et appartements de la Malgrange. Provençal décora le calvaire. Un rival et contemporain de Vaucan-
son, François Richard, varia les plaisirs et les merveilles de
la Malgrange par les chefs-d'œuvre de mécanique dont il
orna la salle à manger et les bosquets de ce château.

Tant de magnificences, tant d'embellissements firent de la
Malgrange un séjour délicieux. « Ce château, dont les envi-
» rons présentent de tous côtés des vues riantes, disent D.
» Calmet, Durival et Lionnois, était très-agréable, surtout
» pendant la belle saison ; et Sa Majesté Polonaise y passait
» une partie des étés. » C'était à la Malgrange que Stanislas
séjournait lors de ses visites à Nancy ; et ces fréquents sé-
jours contribuèrent au prodigieux accroissement du faubourg
Saint-Pierre, dans lequel on comptait à peine, en 1740, quelques chétives masures. Stanislas vint notamment à la Malgrange lorsque la guerre de la succession d'Autriche et le
passage du Rhin par le prince Charles de Lorraine, fils de
notre duc Léopold, au mois de juillet 1744, inspirèrent à la
Cour quelques inquiétudes sur les sympathies que le fils de
nos anciens souverains pourrait rencontrer dans le pays. —
Stanislas vint aussi à la Malgrange au mois de novembre 1755,
pour ordonner la cérémonie d'inauguration de la statue de
Louis XV et aller assister en personne aux fêtes dont cette
solennité fut l'occasion (1). — Durival mentionne aussi (Sup-
plément, p. 55) que, le 4 juin 1748, Stanislas, âgé de plus de
70 ans, arriva de Lunéville à la Malgrange ; et galopa une

(1) Le 26 novembre, jour de la cérémonie d'inauguration, Stanislas
vint de la Malgrange à Nancy dans toute la pompe de la royauté. Son
carrosse était suivi de six autres, et accompagné à droite et à gauche
par ses pages à cheval et ses heiduques à pied, précédé et suivi de ses
gardes-du-corps. Le régiment du Roi, en garnison à Nancy, bordait
les routes que traversait le cortége royal... Trois salves de l'artillerie
des remparts annoncèrent l'arrivée du Roi, etc.....

partie du chemin, si vite que plusieurs jeunes seigneurs ne purent le suivre à cheval. Il trouva à la Malgrange, pour le recevoir, le comte de Ségur, le comte de Croix, le vicomte de Rohan.

Stanislas venait probablement résider à la Malgrange toutes les fois qu'il allait communier à Bon-Secours. Or, il faisait ses dévotions et recevait les sacrements à toutes les fêtes de la Vierge, dans son église de Bon-Secours; et jamais rien ne fut capable de l'empêcher de s'y rendre, même dans les plus mauvais temps. (Voir Aubert, *Vie de Stanislas,* p. 477).

L'humble église du village d'Heillecourt, à un quart de lieue environ de la Malgrange, était la paroisse du château. Bien que Stanislas eût en son château son aumônier et sa chapelle, que les Minimes de Bonsecours s'étaient engagés à desservir, ce pieux prince, qui assistait tous les jours à la messe, et deux fois les dimanches et les fêtes, se plaisait à donner l'exemple de la pratique de la religion en allant assister aux offices publics de la paroisse d'Heillecourt, et se mêler sans contrainte aux exercices de piété de ses rustiques habitants. « On » se souvient avec attendrissement, dit Durival (t. II, p. 62), » d'avoir vu plusieurs fois le roi de Pologne, sans gardes, por- » ter le dais ou en tenir le cordon, à la procession de la Fête- » Dieu d'Heillecourt, avec les seigneurs de sa Cour, le mar- » quis Duchastelet-Lomont, le maréchal de Berchini, etc. La » mémoire de Stanislas n'y mourra jamais !!!... » Le dais de soie verte brochée porté par Stanislas à Heillecourt, est un don de la piété de ce prince : il existe encore aujourd'hui, et est conservé à la sacristie de l'église d'Heillecourt, où nous l'avons vu. La paroisse d'Heillecourt doit conserver respectueusement ce monument de la piété du bon Roi.

Stanislas, ne voulant pas qu'il restât des malheureux dans aucun des lieux honorés de sa présence et de son séjour.

fonda, le 7 juin 1748, une rente perpétuelle de 56,000 livres de France en faveur des pauvres malades des lieux de la Lorraine où il avait des châteaux et faisait sa résidence. Une rente de 100 livres fut fondée en faveur des pauvres de chacun des villages d'Heillecourt, Vandœuvre et Jarville, *paroisses de la Malgrange* (porte l'ordonnance de fondation, au *Rec. des Ord.*, t. VII, p. 220-227).

Par lettres-patentes données à Lunéville le 8 octobre 1754, Stanislas, « ayant extrêmement à cœur de pourvoir à la conservation de son château royal de la Malgrange et ses dépendances, *actuellement en leur perfection,* » établit un gouverneur qui puisse y veiller avec soin, y annexa la capitainerie des chasses de Nancy et le soin de veiller à l'entretien de la tribune que le Roi s'était fait construire dans le chœur de l'église de Bon-Secours ; et, se confiant dans le zèle éprouvé du chancelier La Galaizière, garde des sceaux et chef des conseils du Roi, le créa son GOUVERNEUR DU CHATEAU ROYAL DE LA MALGRANGE ET DE SES DÉPENDANCES, à l'exception de ce qui est occupé par le duc et la duchesse Ossolinski.

La Malgrange fut le théâtre des délibérations du Conseil du bon Roi : diverses ordonnances de Stanislas sont datées de la Malgrange (1). Ce prince, qui, au commencement de son règne, tenait régulièrement deux conseils par jour, en tint plusieurs à la Malgrange : au sortir d'un de ces conseils, en 1758, étant allé faire visite, à Fléville, à la famille des Armoises, il désapprouva hautement, — dit M. Noël, — les destitutions de magistrats que M. de La Galaizière avait osé prononcer de son chef.

Voisine de Nancy, — alors l'Athènes de Stanislas, comme

(1) Nous avons aussi une lettre de Stanislas, datée de la Malgrange: c'est sa lettre à Palissot, en date du 5 juillet 1763.

l'a appelée M. Lacretelle, — la Malgrange fut, comme toutes les résidences du roi de Pologne, le séjour d'une Cour brillante et nombreuse (1) : c'était Versailles, moins les défauts de Versailles : c'était Versailles épuré..... « La Cour de

(1) Voici l'*État de la maison du Roi Stanislas* (à l'époque de sa mort, 1766) :

5	Grands officiers,	26	Valets de pied,
16	Gentilshommes de la chambre du Roi,	17	Valets de petite livrée,
5	Gentilshommes de la Cour,	2	Coureurs,
8	Intendants et Contrôleurs,	3	Porteurs de chaise,
7	Chapelains,	31	Suisses,
4	Secrétaires du cabinet,	10	Ecuyers,
10	Médecins, chirurgiens, apothicaires,	16	Cochers,
		13	Postillons,
12	Valets de chambre,	11	Garçons d'attelage,
10	Domestiques de la chambre,	5	Postillons de chaise,
5	Maîtres-d'hôtel,	12	Palefreniers,
24	Cuisiniers,	6	Palefreniers au manége,
3	Chefs de dépense,	8	Muletiers,
8	Personnes à l'office,	8	Heiduques,
7	Personnes à la rôtisserie,	63	Musiciens instrumentistes et chanteurs,
4	Pâtissiers,	17	Architectes, peintres, marbriers, etc.,
5	Cavistes et paneticrs,		
7	Couvreurs de tables,	41	Jardiniers et concierges,
6	Fourriers,	22	sous des fonctions diverses.

En tout : 455 personnes.

Plus : 52 pensionnaires du Roi........} = 68 pensionnaires.
16 pensionnaires de la (feue) Reine} (455 + 68 = 523.)

Les appointements et pensions de tout ce monde se portaient, par *mois*, — dit M. Noël, — à la somme de 37,964 livres 12 sous.

Stanislas avait encore 200 gardes-du-corps, qui se faisaient remarquer par leur belle tenue et la beauté de leurs chevaux. Enfin, outre ses pages ordinaires, le Roi de Pologne entretenait à son service deux compagnies de cadets-gentilshommes. (Proyart, t. I, p. 562).

Cette liste est empruntée à M. Noël.

Les almanachs de Lorraine et Barrois ne donnent, sous le titre de *Maison du Roi*, que les noms des principaux officiers de cette Maison.

» Stanislas, a dit un écrivain, était un séjour délicieux :
» une vaine étiquette, un cérémonial gênant en étaient
» bannis, tandis que le véritable amour des bienséances
» y faisait régner un ton d'aisance, de douceur, de gaîté fran-
» che et de bon goût... Les courtisans, modelant leurs ma-
» nières, leur esprit et leur cœur sur celui du Monarque,
» épuraient leur goût et leur caractère, et voulaient être bons,
» aimables et vertueux, pour ressembler à Stanislas !... » La
cour de ce prince, protecteur éclairé des lettres, qui semble
avoir voulu se survivre à lui-même dans ses écrits, pour
faire et conseiller le bien, fut malheureusement visitée
par plusieurs de ceux qu'on appelait alors les beaux-es-
prits (1).

Un guerrier célèbre a aussi résidé à la Malgrange. Le
11 juin 1749, le célèbre maréchal de Saxe vint au château de la Malgrange, d'où il se rendit à Dresde (*Durival*, t. I, p. 198).

En 1756, la mort d'un des premiers seigneurs de la Cour,
d'un ami du Roi, vint attrister la Malgrange. Le 1ᵉʳ juillet
1756, François-Maximilien, comte de Tenczinc, duc d'Ossolinski, grand-trésorier de la couronne de Pologne, grand-
maître de la maison du roi Stanislas, dont il avait épousé la
cousine-germaine, Catherine Jablonowska (morte le 5 janvier
précédent), mourut à la Malgrange (2), et fut inhumé dans le

---

(1) Que ne prirent-ils exemple sur Stanislas!... Au reste, nous croyons
que Stanislas ne toléra à sa Cour aucun scandale philosophique ; tout
en regrettant que ce religieux prince ait admis chez lui de pareils person-
nages, et surtout le triste coryphée du XVIIIᵉ siècle, nous recomman-
derons le curieux procédé qu'il employa pour se défaire de cet hôte si
tenace (voir Proyart, *Hist. de Stanislas*, éd. de 1784, pages 448-
449, et la note de la page 449). Nous indiquons cet ingénieux procédé
aux gens qui ne savent comment se défaire des parasites.

(2) Ossolinski s'était fait bâtir, à l'endroit appelé aujourd'hui *Petite-*

caveau de Bon-Secours, où reposait déjà la Reine de Pologne. On voit, dans le chœur de Bon-Secours, au côté de l'Evangile, le mausolée d'Ossolinski.

Les dernières années de Stanislas furent charmées par les fréquents voyages que firent à sa Cour ses petites-filles, Mesdames de France, Victoire et Adélaïde, filles de Louis XV. Les fêtes se multiplièrent sous leurs pas, surtout à la Malgrange, où elles séjournèrent cinq fois. C'est à la Malgrange que les filles du roi de France reçurent, à leur arrivée, le 4 juillet 1761, les compliments des différents corps qui leur furent présentés, savoir : les députés de la Cour souveraine de Nancy et son premier Président en tête, ceux de la Chambre des Comptes, de l'Eglise primatiale, de l'Académie de Nancy. La ville offrit aux princesses, pour présents, des confitures sèches et différents vins.

L'année suivante (1762), lors du second voyage des dames de France en Lorraine, le château de la Malgrange fut complétement illuminé par Richard Mique, le 28 mai. L'empattement du rez-de-chaussée, toutes les corniches, entablements et les balustrades furent exprimées par plusieurs lignes de lampions placées horizontalement ; dans les entrecolonnements des galeries, il y avait des lustres d'une forme gracieuse ; les acrotères des balustrades furent ornées de girandoles d'une forme pyramidale ; enfin, le parterre, qui se trouvait devant le château, fut illuminé suivant les différents contours de ses dessins. — Le revêtement de la façade principale du châ-

Malgrange, une maison qu'il occupait dans les voyages du Roi de Pologne, et avait fait construire, dans la partie la plus élevée, un pavillon jouissant de la vue la plus riche, la plus agréable, la plus étendue au levant, au midi et au couchant. Cette maison, possédée depuis par la famille de Boufflers, puis par celle du maréchal Ney, est aujourd'hui la propriété de M. Monnier.

teau, en carreaux de faïence bleue et blanche, aidait beaucoup à multiplier les rayons de lumière : en effet, comme le fait observer une relation de cette illumination, « les corps qui n'ont pas une surface polie absorbent la plus grande partie des rayons de lumière ; mais là ils étaient tous réfléchis, et de telle sorte que d'une certaine distance il était impossible d'en soutenir la vue. » La foule, que Stanislas avait ordonné à ses gardes de laisser entrer, se pressait dans les jardins de la Malgrange, et encombrait les abords de la salle à manger pour contempler le Roi et les Princesses. Partout retentissaient les cris de : *Vive le Roi! Vive Mesdames de France!* A l'issue du souper, Mesdames firent plusieurs tours dans le parterre, pour voir de tous côtés l'illumination, et s'arrêtèrent surtout dans l'allée du milieu, en face du château, parce que c'était de cet endroit qu'on saisissait le mieux l'ensemble ravissant de cette illumination féérique.

Les démonstrations enthousiastes dont ces princesses furent partout l'objet, cachaient des espérances et des vœux qui ne se réalisèrent point : les Lorrains, désirant prolonger leur existence nationale, espéraient que Madame (Madame Adélaïde) viendrait fixer sa résidence dans le pays, et qu'après la mort de son aïeul Stanislas, elle aurait la souveraineté de la Lorraine (voir Aubert, *Vie de Stanislas,* p. 460).

Le bon roi Stanislas était encore à son château favori de la Malgrange la veille du funeste événement qui l'enleva à l'amour des Lorrains. Il y était venu le 1ᵉʳ février 1766, dans l'après-midi : avant d'y venir, il s'était arrêté quelque temps dans l'église de Bon-Secours, où il avait préparé sa sépulture, et il s'était placé sur le caveau où reposait déjà la Reine sa femme : en sortant de Bon-Secours et en allant à la Malgrange, on rapporte qu'il dit : « *Savez-vous ce qui m'a retenu si long-* » *temps à l'église ? Je pensais que dans peu je serais trois*

» *pieds plus bas !.....* » Le 5 février, Stanislas resta presque seul à la Malgrange, absorbé dans la douleur que lui causait la mort du dauphin Louis, son petit-fils, pendant que toute sa Cour, sa musique et ses gardes-du-corps étaient au service funèbre qu'on célébrait en grande pompe pour ce prince à la Primatiale de Nancy. Stanislas repartit pour Lunéville, malgré l'extrême rigueur de la saison, le 4 février dans l'après-midi, quittant sa Malgrange qu'il ne devait plus revoir.....

Le lendemain matin, 5 février, eut lieu l'épouvantable accident qui ravit à la Lorraine son père, son bienfaiteur; cet excellent prince à la mémoire duquel un jeune poëte lorrain, hôte de la Malgrange pendant plusieurs années, a adressé ces vers :

Tu restas sur la terre assez pour ta mémoire,
Trop peu pour les Lorrains !

V.

A la mort de Stanislas, la Lorraine changea d'aspect. Une main dévastatrice sembla s'attacher avec acharnement aux résidences du bon Roi : Lunéville, Chanteheux, Commercy, Einville, la Malgrange, s'effacèrent comme de beaux rêves.....

Il fallut donner une destination à la Malgrange. Par arrêt du conseil d'Etat, du 4 avril 1766, le château de la Malgrange fut affecté à la place de commandant général de la province de Lorraine. Le comte de Stainville, nommé le premier à ce poste, qu'il occupa jusqu'en 1788, devint, en cette qualité, usufruitier du domaine de la Malgrange.

C'en était fait de la magnifique Malgrange de Stanislas : sa splendeur avait fini avec la vie de la Lorraine. Rien ne fut respecté : ni les bâtiments, ni les décorations, ni les ornements des

jardins, ni les merveilles du parc, ni le calvaire, ni le couvent...
Il n'est pas resté debout une seule pierre du corps-de-logis principal, de la chapelle, de la salle à manger, des colonnades, de
l'orangerie, etc., etc.; tous les jardins ont été bouleversés,
toutes les magnificences du parc mutilées, les parterres effa-
cés, les pièces d'eau comblées. Le petit bois de vieux chênes
fort élevés, où Stanislas aimait à se promener, a été défriché;
on démolit le beau couvent de capucins, ou plutôt on eut la
cruauté de le faire démolir par celui-là même qui l'avait bâti,
le capucin Antoine Poirel, en religion frère Joseph ; lorsqu'il
reçut l'ordre de démolir ce couvent, peu d'années après l'avoir
élevé, il dit tristement : « *Je l'ai construit..... Il faut donc
que je le détruise !* » On démolit pareillement les douze chapelles du calvaire, et on transporta la grande croix de Mission,
dite *la Belle Croix,* au bas de l'avenue de la Malgrange, sur
la route de Saint-Nicolas. Tout le parc de la Malgrange fut
aussi dégradé..... POUR ETRE MIS EN CULTURE !!!
M. de Stainville fit clore le bois où il entretint un haras assez considérable (1).

De toute la Malgrange de Stanislas, on n'a conservé qu'*une
partie du bâtiment de la Reine, l'aile du commun du côté
de l'entrée du château.* C'est tout ce qui reste aujourd'hui de

(1) « M. de Stainville n'est pas le seul auteur des dévastations de la
Malgrange. Ce château royal a appartenu sous l'Empire à la comtesse
de Choiseul, et c'est par les ordres de cette dame, surnommée *la folle*
par les paysans, que la hache a fait tomber une partie des arbres sécu-
laires qui décoraient le parc et le jardin. » (Note communiquée par
M. Gillet.)

Il ne faut pas d'ailleurs perdre de vue que la Malgrange eut le sort
commun des autres palais du Roi de Pologne, Einville, Chantcheux,
etc... Comme il ne devait plus y avoir de souverain résidant en Lorraine, il est possible qu'on ait trouvé trop coûteux l'entretien de palais
royaux que le séjour d'un souverain pouvait seul animer.

la Malgrange. Sans doute, comme le disait Durival en 1778, c'est encore une très-belle maison de campagne ; sans doute, cette large façade, avec ses deux ailes parfaitement régulières, élevée sur une vaste terrasse plantée de marronniers, d'où l'on domine le jardin de plaisance, a quelque chose d'imposant encore. Que devait-ce être de l'ancien palais ? (1).

Lorsque le marquis de Choiseul-Labaume succéda au maréchal de Stainville dans le commandement en chef de la province de Lorraine, il devint usufruitier de la Malgrange et l'occupa.

A la Révolution, la Malgrange, qui, depuis 1563, faisait partie du domaine, devint propriété particulière. A cette époque, ce bien fut vendu : il devint en grande partie la propriété du maréchal Ney, qui a longtemps habité la Malgrange (ce doit être la propriété Monnier), où il avait fixé son domicile politique, et où son père est mort à 96 ans, en 1826 (2).

C'est avec peine que nous redisons la triste destination que reçut la Malgrange il y a une trentaine d'années. Dans les premières années de la Restauration, la Malgrange, ce débris noble encore d'une demeure princière, fut convertie en maison de santé (3). Le séjour de la cour de Lorraine devint

(1) La vue de cette façade, dessinée par M. Chatelain, se trouve en tête du prospectus inaugural du Pensionnat, publié en 1859.

(2) Du reste, aucun souvenir révolutionnaire ne se rattache à la Malgrange, si ce n'est la dévastation complète par le peuple, en 1790, du bois tout voisin de *Brichambeau* (contenant 160 arpens et demi, non compris les tranchées de 24 arpens), bois qui servait de promenade aux habitants de Nancy, et dans lequel se trouvait la fontaine de Brichambeau, rétablie par Stanislas, et renommée pour la bonté et la pureté de ses eaux.

(3) Si nous déplorons que la résidence chérie du roi bienfaisant soit devenue une maison de santé, c'est pour nous un devoir de dire que

un hôpital de fous !... C'en était fait de la Malgrange, et l'on eût pu écrire sur ses murailles dégradées :

Ci gît le château des ducs de Lorraine.

. . . .

Heureusement, en 1859, une destination nouvelle vint consoler les restes du château aimé de Stanislas : cette dernière

son directeur-fondateur, M. Gillet, ancien économe de Maréville, l'entretint et la répara autant qu'il fut en lui. Il y fit même des améliorations : ainsi c'est lui qui créa l'appartement dont les murs sont couverts de carreaux de faïence provenant de la façade principale du château, démolie peu après la mort de Stanislas. M. Gillet fit aussi lithographier des vues de la Malgrange, l'une prise du jardin, l'autre du parc.

Lorsqu'en 1817 M Gillet devint acquéreur de la Malgrange, le parc était sans culture depuis plusieurs années : les chardons et les plantes parasites y croissaient en abondance et attestaient la plus incroyable négligence. Le bâtiment était dans le plus déplorable état et semblait menacé d'une ruine prochaine. La toiture fut rétablie sur toute son étendue, et c'est en parcourant les faux-greniers que l'on découvrit sous des décombres et des tuiles brisées, les carreaux de faïence provenant de la façade principale du château démoli.

En plantant le bosquet qui existe aujourd'hui, on a retrouvé les fondations de cet édifice et un assez grand nombre de carreaux de faïence. L'élévation du terrain indique encore la place du château, *locus ubi Troja fuit.*

Au moment où la vigne a été plantée, on a constaté l'existence des nombreux canaux qui servaient à alimenter les fontaines jaillissantes de cette partie inférieure des anciens jardins.

Les orangers qui décoraient les promenades de la Malgrange, — que les anciens du pays disaient plus beaux que ceux de Versailles, — ont été longtemps à Heillecourt et ont péri par l'incurie du pauvre homme qui en était devenu acquéreur.

Le parquet du grand salon sur l'emplacement duquel a été disposé l'appartement actuel de Mgr l'Evêque de Nancy, avait été façonné à Bruxelles, et avait coûté, suivant la chronique, la somme de 12,000 francs. La rosace est l'ornement du petit salon du rez-de-chaussée ; son déplacement était devenu nécessaire par suite des ravages des vers. — Le parquet de la chambre qui est à l'angle du bâtiment, ayant vue

et définitive transformation, à laquelle toute la stabilité désirable est aujourd'hui assurée, grâce à Mgr l'Evêque de Nancy, rend désormais inséparables les deux noms de *Malgrange* et de *Pensionnat* (1).

Notre tâche est remplie. Nous avons vu la Malgrange naissante au XIVe siècle, sous les noms de *Valgrange* et de *Pavillon-sans-Soucy,* — témoin principal, au XVe siècle, de la mémorable bataille de Nancy ; — devenir, au XVIe, propriété de la Maison ducale de Lorraine qui la réédifie, et séjour de la petite Cour de Catherine de Bourbon, visitée par Henri IV ; — témoin de l'enthousiasme tout national du peuple lorrain pour son duc Charles IV, au XVIIe siècle ; — deux fois réédifiée, au XVIIIe, par deux des meilleurs souverains de la Lorraine pour devenir une de leurs résidences fa-

sur le parc et sur Nancy, est aussi un reste du parquet du grand salon. — Ce grand salon est resté pendant longues années dans son état primitif. C'était une curiosité que la famille se plaisait à montrer à l'admiration des étrangers. (Nous devons la communication de ces renseignements à l'obligeance de M. Gillet, juge d'instruction, fils de l'ancien propriétaire de la Malgrange.)

(1) Outre la *Grande-Malgrange* (pensionnat actuel), on désigne sous le nom de *Petites Malgranges* (petite, haute et basse), plusieurs belles maisons de campagne qui, toutes, dépendaient autrefois du château de la Malgrange, qu'elles avoisinent.

La *Petite Malgrange* est la propriété de M. Monnier.

La *Haute Malgrange* est la maison de santé de M. Valentin, aujourd'hui de M. Brasseur.

La *Basse Malgrange* est la propriété de M. Chippel.

vorites, et le séjour d'une Cour brillante où parut le héros de
Fontenoy ; — enfin, mutilée, et même presque totalement
détruite vers la fin de ce XVIIIe siècle, qui amoncela tant de
ruines..... Le XIXe siècle a fait de la Malgrange, après tant
de vicissitudes et de transformations, un séjour de paix et
d'étude, une école de science et de vertu, dont on peut dire,
avec l'auteur d'Esther :

Tout respire ici Dieu, la paix, la vérité.

RECTIFICATION.

Nous avons avancé trop légèrement et sans preuve que le
P. Fourier serait intervenu dans les conférences qui eurent
lieu à la Malgrange en 1600. Nous retirons cette allégation.